BEI GRIN MACHT SICH IHR WISSEN BEZAHLT

- Wir veröffentlichen Ihre Hausarbeit, Bachelor- und Masterarbeit

- Ihr eigenes eBook und Buch - weltweit in allen wichtigen Shops

- Verdienen Sie an jedem Verkauf

Jetzt bei www.GRIN.com hochladen und kostenlos publizieren

Erstellung eines Trainingsplans zum Aufbau von Muskelmasse und Reduzierung des Körperfettanteils

Dominik Giese

Bibliografische Information der Deutschen Nationalbibliothek:

Die Deutsche Nationalbibliothek verzeichnet diese Publikation in der Deutschen Nationalbibliografie; detaillierte bibliografische Daten sind im Internet über http://dnb.d-nb.de abrufbar.

ISBN: 9783346627926
Dieses Buch ist auch als E-Book erhältlich.

© GRIN Publishing GmbH
Nymphenburger Straße 86
80636 München

Druck und Bindung: Books on Demand GmbH, Norderstedt Germany
Gedruckt auf säurefreiem Papier aus verantwortungsvollen Quellen

Das Buch bei GRIN: https://www.grin.com/document/1185730

Deutsche Hochschule für

Prävention und Gesundheitsmanagement

Hermann Neuberger Sportschule 3

66123 Saarbrücken

Einsendeaufgabe

Fachmodul:	Trainingslehre I
Studiengang:	B.A. Fitnessökonomie
Datum **Präsenzphase:**	17.02.2020- 20.02.2020
Studienort:	**Hamburg**

Inhaltsverzeichnis

1.Diagnose

1.1. Allgemeine und biometrische Daten

Tab. 1: Allgemeine Daten

Personelle Daten/Parameter			
Name:	Mustermann		
Vorname:	Max		
Beruf:	Student		
Allgemeine Parameter			
Alter:	20 Jahre		
Körpergröße:	180 cm		
Körpergewicht:	80 kg		
Geschlecht:	männlich		
Spezielle/biometrische Parameter			
Parameter	Ist- Werte	Normwerte	Bewertung
Ruheherzfrequenz (HF in Ruhe)	62 Schläge/Min	60-80 Schläge/Min	normal
Blutdruck (mmHg)	122/80mmHg	unter 120mmHg/ unter 80mmHG (optimal)	normal
Körperfettanteil (%)	16%	8 – 20%	normal
Gesundheitliche Parameter			
Festlegung der Leistungsstufe:	Fortgeschrittener		
gesundheitliche Voraussetzung: 1. orthopädische Probleme/Erkrankungen: 2. internistische Probleme/Erkrankungen: 3. sonstige Einschränkungen: 4. Medikamenteneinnahme:	1. keine 2. keine 3. keine 4. keine		
körperliche Belastung im Beruf			
• vorwiegend sitzend am Schreibtisch und in der Universität			
sportliche Aktivitäten			

• Seit 3 Jahren Krafttraining (2-3x pro Woche) ohne systematische Trainingsplanung
Zeitbudget
2- 3 Trainingseinheiten pro Woche jeweils 60 - 90 Minuten

Die biometrischen Daten wurden vor dem Anamnse Gespräch von einem Arzt gemessen. So hat der Arzt den Blutdruck, nach der Riva Rocci Methode und einem Stethoskop gemessen. Der Blutdruck liegt bei 122/80mmHg und ist laut Einteilung durch die World Health Organization(WHO) im normalen Bereich und somit voll belastungsfähig.

Auch der Körperfettanteil (KFA) wurde durch die Bioelektrische Impedanz Analyse (InBody770) gemessen. Mit einem KFA von 16% liegt Max Mustermann nach dem Institut für Sport- und Bewegungsmedizin im normalen Bereich.

Der Ruhepuls wurde jeden Morgen (über 5 Tage) vom Kunden selbst direkt nach dem Aufwachen gemessen (an Arteria carotis). Mit einem Ruhepuls von 62 Schlägen/Minute liegt dieser somit im unteren Normalbereich.

1.2.Krafttestung

1.2.1.Begründung der Auswahl des Testverfahrens

Beim Kunden Max Mustermann wird als Verfahren der Kraftmessung die X-RM Methode durchgeführt, um das individuelle und optimale Trainingsgewicht für den Probanden zu ermitteln Durch die ILB-Methode werden Überlastungen und Übertraining durch zu hohe Intensität verhindert, sowie kontinuierliche, langfristige Progression erzielt. Es wird, trotz seiner Trainingserfahrung, auf eine 1-RM Messung verzichtet, da dort das Verletzungsrisiko zu hoch wäre und zusätzlich die Regeneration des Organismus nicht optimal wäre. Eine Belastung des Organismus findet zwar statt, jedoch wird dieser nicht überlastet.

1.2.2.Detaillierte Beschreibung des Testverfahrens

Im Eingangsgespräch mit dem Kunden Max Mustermann wurde festgestellt, dass dieser durch seine langjährige Trainingserfahrung (3 Jahre, ohne systematische Trainingsplanung) als Fortgeschrittener eingestuft werden kann.

Als ersten Schritt werden Trainingsmethodik, Wiederholungszahlen und die Übungen festgelegt.

Der Kunde wird vor der Testung ein Aufwärmprogramm absolvieren, welches in einen allgemeinen Teil und einem spezifischen Teil aufgeteilt wird. Dies hat den Vorteil, dass es zu einer Erhöhung der Körperkerntemperatur, schnellere Versorgung mit Sauerstoff und Nährstoffen, eine schnelleren Reizweiterleitung, sowie höherer Gelenkbelastungsfähigkeit. Während der allgemeinen Erwärmung läuft der Kunde für 10 Minuten auf dem Laufband und geht dann zum speziellen Aufwärmprogramm weiter. Beim speziellen Aufwärmen werden die Muskeln, Bänder und Sehnen, durch zwei Aufwärmsätze (mit moderatem Gewicht) an den Geräten auf die folgende Belastung vorbereitet.

Der Kunde startet nun mit dem ersten Testsatz, bei dem er versucht das bestimmte Trainingsgewicht 10 mal zu bewältigen. Dieses grobe Trainingsgewicht wurde mit Absprache zwischen Trainer und Kunden ausgewählt. Da Max Mustermann mit einer Kadenz von 2/0/2 trainiert bedeutet das für ihn eine time under tension von 40 Sekunden.

Wenn der erste Testsatz nicht erfolgreich war, so wird das Trainingsgewicht subjektiv verändert und nach einer Minute der nächste Testsatz begonnen. Sollte der Kunde das Gewicht gerade haben so bewältigen können, dann war dieser Satz erfolgreich. Sollte dies nicht der Fall sein, so wird der dritte und letzte Testsatz absolviert. Falls der dritte Versuch auch nicht erfolgreich absolviert werden konnte, so ist dieser ILB-Test ungültig, da die muskuläre Vorbelastung zu groß ist.

1.2.3. Testergebnisse

Tab. 2: ILB-Test des 10-RM Test des Kunden Max Mustermann

Nr.	Übung	1.Testsatz	2.Testsatz	3.Testsatz	Ergebnis
1.	Kniebeuge LH	75Kg	80Kg	-	80Kg
2	Kreuzheben LH	100Kg	110Kg	120Kg	120Kg
3	Bankdrücken LH	80Kg	85Kg	-	85Kg
4	Latzug	50Kg	60Kg	55Kg	55Kg
5	Butterfly	30Kg	35Kg	-	35Kg
6	Rudern sitzend eng	40Kg	45Kg	-	45Kg

| 7 | Seitheben KH | 6Kg | 8Kg | 9Kg | 9Kg |
| 8 | Bauchbeuger | 20Kg | 30Kg | 35Kg | 35Kg |

1.2.4. Schussfolgerung aus der Krafttestung

Nach der Einteilung in eine Leistungsstufe, können nun die ermittelten Kraftwerte, von Max Mustermann, genutzt werden, die Trainingsgewichte im Mesozyklus festzulegen. Ein weiterer großer Vorteil ist, dass der Kunde nach Abschluss des Mesozyklus eine erneuerte Krafttestung durchführen kann und nun die Kraftwerte mit den Anfangswerten vergleichen kann. Durch die Verbesserung der Kraftwerte steigt zunächst die Motivation des Kunden und zusätzlich geben diese Werte ein objektives Feedback über den letzten Mesozyklus.

Tab. 3: Grobraster zur Trainingsplanung nach der ILB-Methode (modifiziert nach Eifler, 2000; Strack/ Eifler, 2005)

Leistungs- sture	Zeitstufe (Monate)	Organis ationsfor m	Einheit/ Woche	Übung/ Muskel	Sätze/ Übung	Intensität (in % ILB)
Orientie- rungsstufe	0-1,5	GK	2	1-2	1-2	Gering
Beginner	1,5-6	GK	2	1-2	1-2	50 - 70
Geübter	6-12	GK	2-3	1-2	2	60-80
Fortge- schrittener	>12	GK/Split	3-4	1-3	2-3	70-90
Leistungs- trainierend er	>36	GK/Split	3-6	1-4	2-4	80-100

2. Zielsetzung und Prognose

2.1 Trainingsziele

Im Einführungsgespräch wurden vom Kunden einige Wünsche genannt, welche im Anschluss zu klaren Zielen definiert worden sind. Da der Fokus bei Max Mustermann auf der Ästhetik liegt, möchte er Muskelmasse aufbauen, seinen Körperfettanteil reduzieren und die Kraftwerte in seinen Beinen verbessern. Mit diesen Wünschen, wurden nun klare Ziele definiert.

Tab. 4: Trainingsziele des Kunden Max Mustermann (eigene Darstellung)

Nr.	Inhalt.	Inhalt.	Inhalt.
1.	Muskelaufbau	+ 3Kg	24 Wochen
2.	Körperfettreduktion	- 2Kg	24 Wochen
3.	Kraftsteigerung Beine	25 %	24 Wochen

2.2   Begründung der Ziele

Der Gesundheitszustand des Kundens ist gesund, ohne jegliche Einschränkung, weshalb eine reine ästhetische Zielsetzung möglich ist, da der Kunde voll belastbar ist.

Um seine Ästhetik zu verbessern, möchte Max Mustermann einen Muskelmasse Zuwachs von 3kg in 24 Wochen erreichen. Ein weiteres Ziel des Kunden ist die Körperfettreduktion von 2kg in 24 Wochen. Nach 24 Wochen ist mit dieser Veränderung zu rechnen. (vgl. „Differenziertes Krafttraining mir Schwerpunkt Wirblesäule". Gottlob, A. 2009. Seite 21.) Trotz seiner langjährigen Sporterfahrung hat der Kunde die Beinmuskelatur weniger gereizt und den Fokus mehr auf die obere Partie des Körper gelegt.

Um den Körper ausgeglichen zu trainieren, wird nun der Fokus mehr auf die Beine gelegt, wodurch eine Kraftzuwachs in den Beinen ein sehr guter Beginn ist.

Der Kunde wird während des gesamten Makrozyklus ein Ernährungsprogramm absolvieren, um die bestmöglichen Ergebnisse zu erreichen.

3. Trainingsplanung Makrozyklus

3.1 Inhalt des Makrozyklus

Tab. 5: Makrozyklusplanung (eigene Darstellung)

	Mesozyklus I	Mesozyklus II	Mesozyklus III	Mesozyklus IV
Dauer	6 Wochen	6 Wochen	6 Wochen	6 Wochen
Trainingsmethodik	Kraftausdauer	Hypertrophie	Hypertrophie	Maximalkraft
Organisationsform	GK/Station	GK/Station	GK/Station	GK/Station
Häufigkeit / Woche	2- 3 x	3 x	3 x	3 x
Übungen / Muskelgruppe	1 - 2 x	1 - 3 x	1 - 3 x	1 - 3 x
Sätze / Übungen	2 x	1-3 x	1- 3 x	1- 3 x
Intensität	60-80%	70-90%	70-90%	70-90&
Wiederholungen	20	12	8	5
Satzpausen	45Sek.	60Sek.	60Sek.	90Sek.

(Zwischen den Mesozyklen als senkrechte Trennspalten: ILB-Test: 20 Wdh. | ILB-Test: 12 Wdh. | ILB-Test: 18 Wdh. | ILB-Test: 5 Wdh.)

3.2   Begründung und Erläuterung des Makrozyklus

Der ausgewählte Makrozyklus vom Kunden geht über 24 Wochen und wird in vier verschiedene Mesozyklen unterteilt. Die Ziele von Max Mustermann können nur erreicht werden, wenn eine progressive Steigerung seiner Leistungsfähigkeit stattfindet. Um dies zu gewährleisten werden alle 6 Wochen das Trainingssystem, Übungen sowie Belastungsintensität verändert. Durch die Veränderung der Trainingsreize auf den Muskel wird sich die Leistungsfähigkeit des Kunden verbessern.

Die Ziele vom Kunden wurden in mindestens einem Mesozyklus fokussiert trainiert. So wird das Ziel Fettanteilreduktion in Mesozyklus I fokussiert.

Max Mustermann wurde trotz seiner langjährigen Trainingserfahrung im ersten Mesozyklus als Geübter eingestuft, da dieser in der Trainingsmethode „ Kraftausdauer" nicht viel Erfahrung hat und nur selten mit mehr als 15 Wiederholung trainiert hat. Aus diesem Grund wird hier die Intensität etwas verringert. Des Weiteren bereitet sich Herr Mustermann auf die nächsten Mesozyklen vor.

Im zweiten und dritten Mesozyklus wird der Fokus nun mehr auf die Hypertrophie gelegt, um Muskelmasse aufzubauen, welche Herr Mustermann als weiteres Ziel angegeben hat. Um die aktiven und passiven Bewegungsapparate auf die folgenden intensivieren Belastung vorzubereiten und zu verbessern (Komi, 1994, S.98) werden die Wiederholungszahlen etwas höher angesetzt. Zusätzlich wird somit die Verletzungsgefahr oder Folgeschäden minimiert. Wegen der langjährigen Trainingserfahrung vom Kunden wurde noch ein Mesozyklus für die Maximalkraft hinzugefügt. Dies hat den Vorteil, dass die Kraftsteigerung in den Beinen so bestmöglich erreicht werden kann und so seine Ziele vollständig erreicht werden können (vgl. Zatsiorsky, 1996, S.82)Wegen des Zeitmanagement von Max Mustermann kommt nur ein Ganzkörpertraining in Frage, da nur so jede Muskelgruppe mindestens zwei mal pro Woche trainiert wird (vgl. Veränderungen der Muskelmasse in Abhängigkeit von Trainingshäufigkeit und Leistungsniveau, Auflage 6, Wirth K , Atzor KR , Schmidtbleicher D.). Um die Zeit bestmöglich zu nutzen werden im Ganzkörperplan des Kunden Grundübungen für die verschiedenen Muskelgruppen absolviert (vgl. Projekt: Fitness- und Gesundheitstraining, Bergische Universität Wuppertal, Betriebseinheit Sportwissenschaft, Leitung: Dr. Peter Wastl).

Da Herr Mustermann in einem sehr kleinen Studio trainiert, in dem es nicht möglich ist in einem Zirkeltraining zu trainieren, wird er nun ein Stationstraining absolvieren.

Während der Trainingseinheit (Mesozyklus I) werden ein bis 2 Übungen und Mesozyklus (II - IV) ein bis drei Übungen vorgeschrieben. Das hat den Vorteil, dass alle Muskelgruppen ausreichend trainiert bzw bei den Hauptmuskelgruppen mit trainiert werden.

Die Pausenzeit ist abhängig vom Mesozyklus und beträgt zwischen 45 - 90 Sekunden.

Die Planung der Intensitäten wird anhand des „Grobraster zur Trainingsplanung nach der ILB- Methode ,' (vgl. Eifel, 2000; Strack/Eifler, 2005) erstellt.

Dennoch muss es zu einer Abstimmung mit der gesundheitlichen Verfassung des Kunden, sowie Trainingserfahrung und Zielen kommen. Da der Kunde Max Muster Mann jedoch weder gesundheitliche Einschränken, noch trainingsunerfahren ist, kann dieser Makrozyklus genauso durchgeführt werden.

4. Trainingsplanung Mesozyklus

4.1 Darstellung des Mesozyklus

Tab. 6: Mesozyklus III (eigene Darstellung)

Mesozyklus III	
Leistungsstufe	Fortgeschrittener
Dauer	6 Wochen
Trainingsmethodik	Hypertrophie
Organisationsform	Stationstraining/ GK
Einheiten/Woche	3
Übungen/Muskelgruppe	1-3
Satzzahl/Übungen	1-3
Wiederholungszahl	8
Kadenz	2/0/2
Intensität	70-90%
Satzpause	60 Sekunden

Aufwärmprogramm:

Der Kunde wird vor dem Krafttraining für zehn Minuten auf dem Laufband laufen und wird mit seinem MyZone MZ-1 Pulsgurt seinen Puls selbst überwachen. Er wird bei 75% seiner maximalen Herzfrequenz laufen.

Tab. 7: Mesozyklus III Übungsauswahl (eigene Darstellung)

Übung	Wdh	ILB-Test	W1 70% ILB	W2 75% ILB	W3 80% ILB	W4 85% ILB	W5 85% ILB	W6 90% ILB
Kniebeuge LH	8	80	55	60	65	67,5	67,5	72,5
Kreuzheben LH (klassisch)	8	120	85	90	95	102,5	102,5	107,5
Bankdrücken LH	8	80	55	60	65	67,5	67,5	72,5
Latzug	8	55	37,5	40	45	47,5	47,5	50
Butterfly	8	35	25	27,5	27,5	30	30	32,5
Rudern sitzend eng	8	45	32,5	35	35	37,5	37,5	40
Seitheben KH (stehend)	8	9	6	7	7	8	8	8

Bauchbeuger (Maschine)	8	35	25	27,5	27,7	30	30	32,5

4.2 Begründung des Aufbaus des Mesozyklus

Die Ziele von Max Mustermann können nur erreicht werden, wenn eine progressive Leistungssteigerung stattfindet. Aus diesem Grund wird alle sechs Wochen verschiedene Parameter wie Übungen, Trainingsmethode und Intensitäten verändert.

Das Aufwärmprogramm bleibt bei jedem Mesozyklus ein wichtiger Bestandteil, um somit eine physische sowie psychische Vorbereitung zu garantieren. Zusätzlich wird der gesamte Bewegungsapparat erwärmt. Durch die erwärmten Bänder, Sehnen und Muskeln wird das Verletzungsrisiko vermindert. (vgl. Untersuchung der verletzungsprophylaktischen Wirkung des Aufwärmens durch Befragung verletzter Sportler bezüglich ihres Aufwärmverhaltens, Prof. Dr. med. W. Menke, 1997).

Im Mesozyklus III liegt der Fokus auf Hypertrophie und somit dem Muskelaufbau. Der Ganzkörperplan wurde durch die Übungen (s. Tab. 8) sehr effektiv und effizient geplant.

In diesem Ganzkörperplan sind zwei Beinübungen, zwei Brustübungen, zwei Rückenübungen, eine Schulterübung und eine Bauchübung wiederzufinden. Die Übungsreihenfolge hat zwei bestimmte Gründe. Zum einen liegt der Fokus auf den Beinen, da das Ziel geäußert wurde, eine Kraftsteigerung in den Beinen zu erreichen. Um dies bestmöglich zu garantieren, wurden beide Beinübungen (Kniebeuge an der Langhantel und das Klassische Kreuzheben) an den Anfang des Trainingsplan gesetzt, da dort noch die meisten Energie und Koordination für die anspruchsvollsten Übungen vorhanden ist. Dies hat den Vorteil, dass das Verletzungsrisiko sinkt und zusätzlich ein größerer Muskelreiz auf die Beine entsteht.

Die erste Beinübung ist die freie Kniebeuge mit der Langhantel (LH) um somit große Muskelgruppen zu trainieren.dem Kunden ist eine freie Übung durch seine langjährige Trainingserfahrung zuzutrauen und der Kunde hat im Eingangsgespräch erzählt, dass er mehr Spaß an freien Übungen hat.- Diese Mehrgelenksübung hat den Vorteil, dass sie über zwei Gelenke (Hüftgelenk und Kniegelenk) verläuft. Es wird der m. quadrizeps femoris, m. biceps femoris und m. gluteus maximus trainiert. Bei der zweiten Übung dem klassischen Kreuzheben ist dort der Vorteil, dass sie auch als Mehrgelenksübungen direkt mehrere Muskeln trainiert und man so eine sehr gute Zeitersparnis erhält.-Auch hier wird auch der m. biceps femoris , m. gluteus maximus, m. erector spinae. Natürlich arbeiten bei Mehrgelenksübungen stabilisierend auch noch weitere Muskeln mit. Auch ein weiterer Vorteil dieser beiden Übungen ist zunächst einmal der erhöhte Kalorienverbrauch. Auf Grund der höheren Muskekbeteiligung wird auch mehr Energie verbrannte wodurch Max Mustermann seinem Ziel der Fettreduktion näher kommt. Als nächste Übung wurde eine weitere Grundübung in den Plan aufgenommen und zwar das Bankdrücken mit der LH. Diese trainiert den großen Brustmuskel, den vorderen Anteil des Deltas und den m. trizeps brachii. Der Vorteil für Max Mustermann ist, dass die Ästhetik durch eine große Brust besser wirkt und zusätzliche Übungen wie das Trizepsdrücken am Kabelzug nicht notwendig ist, da dieser mit trainiert wird. Auch hier spart sich der Kunde eine Menge Zeit. Anstatt eine weitere Brustübung zu absolvieren, wird nun eine Rückenübung durchgeführt. Dieser antagonistische Trainingsstil hilft bei der Regeneration des trainierten Muskels, um somit in der nächsten Brustübung noch mehr Energie zu haben. Es wird sich für den Latzug am Cybex Kabelzug mit dem MAG Obergriff entschieden, welchen der Kunde vor die Brust ziehen wird. Durch die trainierten Muskeln: m. latissimus dorsi, hinterer Anteil des Deltas, großersowie kleiner Rundmuskel, wird nun der Rücken trainiert und somit findet ein guter Ausgleich zwischen der Frontalachse, um somit eine Dysbalance zu vermeiden. Als nächste Übung kommt es nun zu einer Isolationsübung für die Brustmuskelatur und zwar den Butterfly am Cybex Gerät. Durch diese Übung wird das Volumen im Training nochmals erhöht, um somit auch den erforderlichen Trainingsreiz zu generieren. Um auch hier nun wieder Antagonistisch und ausgeglichen zu trainieren wird nun das Rudern sitzend am Kabelzug mit einem MAG Obergriff ausgeführt. Dies hat den Vorteil, dass auch hier zusätzliches Volumen für den Muskel geschaffen wird und der Student auch eine stabile Rückenmuskulatur erhält, welche sehr sinnvoll für seinen meistens sitzenden Studentenalltag ist Diese Ruderbewegung sorgt für eine Retraktion um Schultergürtel und somit zu einer verbesserten Körperhaltung. Die Schulter wurde bis jetzt schon sehr gut trainiert, jedoch wurde der Fokus bis jetzt durch die Mehrgelenksübungen mehr auf den vorderen bzw. Hinteren Anteil des Deltas gelegt. Um nun auch den seitlichen Anteil mehr zu beanspruchen wird nun die freie Übung Seitheben mit Kurzhanteln im stehen ausgeführt. Dies hat zusätzlich den Vorteil, dass der Kunde eine dauerhafte Spannung im Rumpfbereich haben muss, um diese Übung sauber auszuführen. Durch diese vielen stabilisierenden Übungen (Kniebeuge,Kreuzheben,Bankdrücken, Seitheben) wird der Bauch schon sehr gut mit trainiert und deshalb eine zusätzliche Bauchübung vollkommen ausreichend ist. Um diese nochmals isoliert zu trainieren wird eine Bauchbeugermaschine von Cybex in den Plan mit aufgenommen. Wenn also der gesamte Trainingsplan absolviert wure, so geht der Kunde in sein fünf minütiges Cool-Down Programm, in dem er seinen Puls durch lockeres Walken absenkt und somit diese Regenerationsphase einleitet.

5. Literaturrecherche

5.1 Fallbeispiel I - Effekte des Krafttrainings bei Osteoporose

Tab.8: Krafttraining an konventionellen bzw. oszillierenden Geräten und Wirbelsäulengymnastik in der Prävention der Osteoporose bei postmenopausalen Frauen

Wer hat die Studie durchgeführt?	Siegrist M. (1/2), Lammel C.(2) , Jeschke D.(1/2) 1. Lehrstuhl und Poliklinik für Präventive und Rehabilitative Sportmedizin, TU München 2.Kuratorium für Prävention und Rehabilitation, TU München
In welchem Jahr wurde die Studie publiziert?	2006
Mit welchen Versuchspersonen wurde die Studie durchgeführt?	69 osteopenischen, postmenopausalen Frauen, davon: 26 Frauen 2x/Woche ein konventionelles Krafttraining (KT), bei 60-80 % des Einwiederholungsmaximums (1RM) 23 Frauen ein Krafttraining mit vibrierenden Trainingsgeräten (VT) 20 Frauen betrieben nur Wirbelsäulengymnastik (WS)
Wie sah der Versuchsaufbau der Studie aus?	Dauer: 12 Monate Alle Frauen nahmen an einer angeleiteten Wirbelsäulengymnastik 2x/Woche teil. Veränderung durch DXA gemessenen Knochenfläche erkennbar
Welche relevanten Ergebnisse und Schlussfolgerungen lieferten die Studie	Durch WS verbessert sich das Wohlbefinden, sowie Schmerzen. Durch VT kommt es zu einer Kraftzunahme KT bewirkt eine Verbesserung von Kraft und der Knochenstruktur.

In der Studie „ Krafttraining an konventionellen bzw. oszillierenden Geräten und Wirbel- säulengymnastik in der Prävention der Osteoporose bei postmenopausalen Frauen, Siegrist M. , Lammel C. , Jeschke D. Wird die Thematik auf den Einfluss des Krafttrainings für Osteoporose erläutert. In der Studie werden 69 osteopenischen, postmenopausalen Frauen auf drei verschiedene Trainingsmethoden aufgeteilt, welche jeweils zwei Trainingseinheiten pro Woche absolvieren. Die erste Trainingsgruppe, aus 26 Frauen, wird zwei mal pro Woche ein konventionelles Krafttraining mit 60-80% ihres 1-RM Tests. Die zweite Gruppe besteht aus 23 Frauen welche zwei mal pro Woche ein Krafttraining mit vibrierenden Trainingsgeräten absolvieren. Die dritte und letzte Gruppe, aus 20 Frauen, wird zwei mal pro Woche eine Wirbelsäulengymnastik absolvieren. Bei den Messdaten, welche anhand des DXA ermittelt wurden, wurde festgestellt, dass bei den Krafttrainings zu einer Vergrößerung der Knochenfläche am Oberschenkelhals um +1,3% kam. Jedoch war im Bereich der Lendenwirbelsäule keine Verbesserung zu erkennen. Zusätzlich kam es bei den Krafttrainings zu einem Kraftzuwachs. So war bei der Übung Beinstrecker ein Kraftzuwachs von: KT: + 50% ; VT: 54% und bei er Übung Armbeuger ein Zuwachs von: KT: 24% VT: 17% zu messen. Die Wirbelsäulengymnastik hingegen verbesserte die Beinkraft um 22%, sowie eine Verbesserung der Maximalleistung auf dem Fahrradergometer um +6%. Beim Krafttraining lag dieser Wert jedoch auch bei +8%. Als Fazit kann man also feststellen, dass die WS zwar das Wohlbefinden und Schmerzen am besten verbesserte, jedoch die Kraft und Knochenstruktur am besten durch ein Krafttraining verbessert werden können.

5.2   Fallbeispiel II - Krafttraining bei Osteoporose

Tab.9: „5- Jahres Ergebnisse der Erlanger Fitness und Osteoporose Präventions-Studie"

Wer hat die Studie durchgeführt?	Kemmler W. (1), von Stengiel S. (1), Lauber D. (2), Beeskow C.(1), Weineck J.(2) Kalender WA. (1), Engelke K. (1) 1.Osteoporosezentrum, Institut für Medizinische Physik, Universität Erlangen-Nürnberg; 2.Institut für Sportwissenschaften und Sport, Universität Erlangen-Nürnberg
In welchen Jahr wurde die Studie publiziert?	2007

Mit welchem Versuchspersonen wurde die Studie durchgeführt?	Trainingsgruppe:86 Frauen (Keine Einnahme von auswirksamen Medikamten auf Knochenstoffwechsel) Kontrollgruppe:51 Frauen ohne Sport
Wie sah der Versuchsaufbau aus?	Beide Versuchsgruppen wurden individualisiert mit Vitamin-D und Kalzium supplementiert. Die Trainingsgruppe wird 2-3mal pro Woche ein gemeinsames Training absolvieren und zusätzlich 1-2 mal pro Woche ein Heimprogramm. DieTrainingsinhalte sowie - Belastung wird von trainingswissenschaftlichen Kenntnissen unterstützt. Dir Messdaten wurden anhand des DXA ermittelt Die Trainingsgruppe wird in zwei weitere Gruppen aufgeteilt, welche die Bewegungsgeschwindigkeit langsam und schnell ausführen wird. Nach 2 Jahren wird eine weitere Messung durchgeführt.
Welche relevanten Ergebnisse und Schlussfolgerungen lieferten die Studie?	Ein intensives , Leistungssport orientiertes Krafttraining hat einen positiven Einfluss auf die Knochendichte bei Frauen in ihrer kritischen Lebensphase. Zusätzlich kam es zu einem großen Unterschied zwischen der langsam und schnell trainierenden Gruppe und zwar, dass die langsam trainierende Gruppe bessere Effekte erzielen konnte.

Die Studie „Umsetzung leistungssportlicher Prinzipien in der Osteoporose- Prophylaxe - Zusammenfassende Ergebnisse der Erlanger Fit- ness und Osteoporose Präventions" von Kemmler W., von Stengel S. , Lauber D., Weineck J., Kalender WA., Engelke K. (2007) behandelt sich mit den Auswirkungen eines speziellen Trainingsplan von Frauen in der Menopause. Beide Versuchsgruppen werden mit Vitamin-D und Kalzium sup-

16/20

plementiert. Die Trainingsgruppe wird 2-3 gemeinsame Trainingseinheiten absolvieren und 1-2 Trainingseinheiten zuhause. Diese Gruppe wurde zusätzlich unterteilt in zwei Gruppen. Die eine wird ihre Ausführung langsam und die andere schnell ausführen. Zusätzlich wurde eine Kontrollgruppe, welche kein Sport treibt, verwendet. Mittels DXA wurden an verschiedenen Körperregionen die verschiedene Knochenparameter gemessen.Nach 3 Jahren Training kam es zu starken Veränderung zwischen der Trainingsgruppe und der Kontrollgruppe. So kam es für „die Knochendichte an der LWS (DXA: 0.4% vs. - 2.8 %; QCT trabekulärer VOI: 1.0 vs. -7.6 %) und am proximalen Femur (DXA: -0.5 % vs. -1.9 %) während am distalen Unterarm vergleichbare, hochsignifikante Reduktionen der Knochendichte (ca. -4 %)" (vgl. Umsetzung leistungssportlicher Prinzipien in der Osteoporose- Prophylaxe - Zusammenfassende Ergebnisse der Erlanger Fit- ness und Osteoporose Präventions, 2007). Zusätzlich kam es auch zu dem Ergebnis, dass es an der LWS zu Veränderung (-0.3 % vs. -2.4 %) zwischen langsamen und schnellen Ausführungen kommt. Man kann nun also als Fazit ziehen, dass ein intensives , Leistungssport orientiertes Krafttraining hat einen positiven Einfluss auf die Knochendichte bei Frauen in ihrer kritischen Lebensphase.

6.   Literaturverzeichnis

Wirth ,K. , Atzor ,KR. , Schmidtbleicher, D. (2007). *Veränderungen der Muskel-masse in Abhängigkeit von Trainingshäufigkeit und Leistungsniveau* (Jahrgang 58, Nr. 6) Zugriff am 02.03.2020 Verfügbar unter https://www.germanjournalsports-medicine.com/fileadmin/content/archiv2007/heft06/178-183.pdf

Schiffer ,H. (1998). *Untersuchung der verletzungsprophylaktischen Wirkung des Aufwärmens durch Befragung verletzter Sportler bezüglich ihres Aufwärmverhal-tens.* Zugriff am 29.02.2020 Verfügbar unter https://www.vifasport.de/Hochschul-schriften/Dissertationen-Campus/1998/Heike_Schiffer/DissHSchiffer98.pdf

Siegrist ,M. , Lammel, C. , Jeschke, D. (2006). *Krafttraining an konventionellen bzw. oszillierenden Geräten und Wirbel- säulengymnastik in der Prävention der Osteoporose bei postmenopausalen Frauen.* Zugriff am 29.02.2020.Verfügbar un-ter https://www.germanjournalsportsmedicine.com/fileadmin/content/archiv2006/heft07_08/182-188.pdf

Kemmler ,W. , von Stengel, S., Lauber ,D., Weineck ,J., Kalender, WA., Engelke ,K.. (2007). *Umsetzung leistungssportlicher Prinzipien in der Osteoporo-se- Prophylaxe - Zusammenfassende Ergebnisse der Erlanger Fit- ness und Os-teoporose Präventions- Studie (EFOPS).* Zugriff am 27.02.2020. Verfügbar unter https://www.germanjournalsportsmedicine.com/fileadmin/content/archiv2007/hef-t12/Artikel2Kemmler.pdf

Gottlob, A.. (2009). *Differenziertes Krafttraining mir Schwerpunkt Wirblesäule* (5. Auf lage Seite 21). Urban & Fischer Verlag

Gottlob, A.. (2009). *Differenziertes Krafttraining mir Schwerpunkt Wirblesäule* (5. Auf lage Seite 5). Urban & Fischer Verlag

Eifler, 2000; Strack/Eifler, 2005

Einteilung der Blutdruck-Werte laut WHO (Weltgesundheitsorganisation): Ver-fügbar unter: https://www.blutdruckdaten.de/lexikon/blutdruck-normal-werte.html

7. Tabellen- und Abbildungsverzeichnis

7.1 Tabellenverzeichnis

7.2 Abbildungsverzeichnis

Tab. 10 Einteilung der Blutdruck-Werte laut WHO (Weltgesundheitsorganisation):

	systolisch (mmHg)	diastolisch (mmHg)
optimaler Blutdruck	< 120	< 80
normaler Blutdruck	120-129	80-84
hoch-normaler Blutdruck	130-139	85-89
milde Hypertonie (Stufe 1)	140-159	90-99
mittlere Hypertonie (Stufe 2)	160-179	100-109
schwere Hypertonie (Stufe 3)	>= 180	>= 110

Tab. 11: BMI – Klassifikation (nach DGE, Ernährungsbericht 1992)

Klassifikation	Männlich	Weiblich
Untergewicht	< 20	< 19
Normalgewicht	20 – 25	19 – 24
Übergewicht	25 – 30	24 – 30
Adipositas	30 – 40	30 - 40
massive Adipositas	> 40	> 40